옥한흠 다락방 시리즈 3

다락방 성경공부 교재

출애굽기

국제제자훈련원

출애굽기

지금까지 나온 옥한흠 다락방 시리즈

1. 새가족모임 교재
2. 창세기
3. 출애굽기
4. 마가복음 1
5. 마가복음 2
6. 에베소서
7. 야고보서
8. 다윗
9. 사도행전 1
10. 사도행전 2
11. 시편 1
12. 시편 2
13. 로마서 1
14. 로마서 2
15. 로마서 3
16. 데살로니가전후서
17. 욥기
18. 요한복음 1
19. 요한복음 2
20. 요한복음 3
21. 빌립보서
22. 산상수훈

옥한흠 다락방 시리즈 3

출애굽기

초판 1쇄 발행 1993년 1월 30일
초판 38쇄 발행 2020년 4월 29일

지은이 옥한흠

펴낸이 오정현
펴낸곳 국제제자훈련원
등록번호 제2013-000170호(2013년 9월 25일)
주소 서울시 서초구 효령로68길 98(서초동)
전화 02)3489-4300 **팩스** 02)3489-4329
이메일 dmipress@sarang.org

ISBN 89-88850-04-1 03230

※ 책값은 뒤표지에 있습니다. 잘못된 책은 구입하신 곳에서 교환해드립니다.

국제제자훈련원은 건강한 교회를 꿈꾸는 목회의 동반자로서 제자 삼는 사역을 중심으로
성경적 목회 모델을 제시함으로 세계 교회를 섬기는 전문 사역 기관입니다.

제자훈련의 열매는 훈련된 평신도 지도자들이 사역하는 소그룹(구역, 다락방, 셀, 목장)이라 할 수 있다. 소그룹이란 성도간에 아름다운 사랑의 교제를 나누며, 말씀 안에서 영적으로 성숙해가도록 서로 돕고, 믿지 않는 사람들을 초청하여 복음을 나누는 소그룹 단위의 공동체이다. 소그룹은 하나님의 말씀에 기초한다. 그러므로 각자의 삶을 드러낼 수 있도록 돕고 변화되어야 할 삶의 목표를 분명하게 제시할 수 있는 좋은 교재가 마련되면 효과적인 소그룹을 운영하는데 큰 도움을 얻는다. 그러나 분주한 목회자의 입장에서는 직접 교재를 만든다는 것이 그리 쉬운 일이 아니다. 이런 어려움을 해결할 수 있도록 돕기 위해 마련된 것이 "옥한흠 다락방 시리즈"이다.

본 시리즈를 사용하는 데 있어 다음의 몇 가지를 참고해 주기 바란다.

1. 이 교재는 소그룹에서 귀납적인 방법으로 성경을 공부하기 위해 만든 것이다. 즉 성경의 가르침을 일방적으로 주입하는 대신 충분한 토의를 통해 구성원들의 생각을 먼저 정리하고 그것을 성경의 가르침과 비교하도록 구성되어 있다. 결코 해답 베껴 쓰기 식의 공부가 되지 않도록 해야 한다. 서툴더라도 자기 인식과 활발한 토의 참여에 의한 생생한 결론이 나올 수 있도록 해야 한다. 따라서 지도자는 소그룹 환경에서 귀납적 방법으로 성경을 공부하는 것이 무엇인지를 반드시 먼저 배워야 한다.

2. 이 교재는 교역자가 매주 소그룹 지도자들을 먼저 예습시킨 다음 사용하게 해야 바람직한 효과를 기대할 수 있다. 소그룹 지도자가 공부할 내용을 충분히 이해하도록 해야 한다. 그냥 교재만 던져 주고 마음대로 사용하게 하는 것은 좋지 않다.

3. 소그룹에 참석하는 자들은 반드시 예습을 하도록 권장해야 한다.

4. 한 과를 공부하는 데에는 한 시간 이상이 필요하다. 그러므로 각 문제에 따라 답만 찾아보고 넘어가야 할 것과 충분한 토의를 통해 진지하게 적용할 것을 잘 구별해서 진행하는 것이 중요하다.

차 례

차 례

1. 이스라엘의 번성과 압제

서론

애굽에 내려간 이스라엘은 불과 70명이었으나 400여 년의 세월 동안 200만이 넘는 큰 민족으로 번성하였다. 애굽은 이스라엘이 큰 민족으로 자라게 한 자궁과 같은 역할을 한 것이다. 드디어 만삭이 되자 진통이 시작된다. 하나님이 이스라엘을 어떠한 경로로 태어나게 하시고 광야에서 유아교육을 시작하였는가를 기록한 내용이 출애굽기이다. 출애굽기란 탈출, 구속이란 의미이다. 저자는 모세이며 기록 연대는 주전 1445-1405년 사이로 보고 있다.

토의내용

1. 이스라엘 자손이 기적적으로 증가하였다는 사실을 얼마나 많이 강조하고 있는가?(7, 12, 20절)

_____

_____

_____

2. 이스라엘 자손이 크게 번성하였다는 사실을 통해서 우리는 무엇을

알 수 있는가?(참고/창 15:5, 행 7:17, 눅 1:38)

_____

_____

_____

3. 요셉을 알지 못하는 새 왕이 무엇을 염려하였는가?(8-10절)

_____

_____

_____

4. 이스라엘을 탄압하는 첫 번째 방법은 무엇인가?(11절)

_____

_____

_____

5. 중노동을 시킨 결과는 무엇인가?(12절)

_____

_____

_____

6. 역사적으로 보아 하나님을 대적하는 자들이 교회를 약하게 만들기
   위해 무서운 핍박으로 괴롭혔으나 교회는 오히려 더 부흥하는 예가
   많았다. 그 예를 하나 들고 그 이유를 말하라(참고/요 12:24).

7. 이스라엘 탄압책 두 번째는 무엇인가?(15-16절)

8. 산파들은 어떻게 하였는가?(17-19절)

9. 산파들이 왜 생명을 걸고 하나님의 백성을 도왔다고 생각하는가?
   그 결과 하나님은 산파들을 어떻게 축복하셨는가?(20-21절)

10. 산파들이 거짓말한 것이 사실이다. 그러나 하나님은 그들을 도리
    어 축복하셨다. 우리는 이 사실을 어떻게 이해해야 하며, 어떤 교
    훈을 받을 수 있는가?(참고/수 2:4, 8-14절)

11. 바로는 이스라엘을 멸종시키기 위한 가장 악랄한 세 번째 방법을 사용하였다. 그것이 무엇인가?(22절)

_____

_____

12. 이스라엘이 무서운 탄압을 받은 것은 그들이 수백 년 동안 애굽에 살면서 그 나라 사람들에게 동화되지 아니하였다는 것을 의미한다. 요한복음 15장 19절, 디모데후서 3장 12절을 가지고 이 사실을 설명하라.

_____

_____

_____

13. 창세기 15장 13절을 가지고 출애굽기 1장을 비교하면서 하나님의 말씀이 얼마나 정확한가를 다시 한번 생각하라.

_____

_____

_____

14. 하나님의 자녀는 탄압을 받을수록 더 강해지고 번성한다는 사실

을 당신은 믿는가? 믿는다면 우리는 어떤 자세로 신앙 생활을 해
야 할 것인가?

---

2. 모세를 준비하심

서론

이스라엘이 극도로 어려운 시련을 당할 동안 하나님은 조용히 한 인물을 준비하고 계셨다. 인간은 하루의 고통도 몹시 길어 보여 구원의 날을 조급하게 기다렸지만 하나님은 지도자 모세를 준비시키는 80년을 더 계산하고 계셨다. 이 시간부터 우리는 위대한 지도자 모세의 등장을 지켜보게 된다.

토의내용

1. 모세는 어느 지파의 자손인가?(1절)

---

2. 모세의 어머니는 아이를 낳자마자 어떻게 하였으며 그 행동은 어떤 의미를 지닌 것인가?(2절, 참고/히 11:23)

14

3. 아이를 3개월 이상 숨겨 두지 못하고 내버릴 수밖에 없었던 상황에서 무엇을 느낄 수 있는가?

_____

_____

_____

4. 모세를 버린 후 일어난 사건을 이야기하라(5-10절).

_____

_____

_____

5. 이 사건에서 드러난 하나님의 지혜와 능력, 인간 바로의 어리석음과 무능을 이야기해 보라(참고/고전 1:20-21).

_____

_____

_____

6. 당신은 하나님께 대항하려다가 도리어 바로처럼 어리석은 자가 된 경험이 있는가?

_____

_____

_____

7. 모세가 바로의 아들로 자라 40세가 되자 어떠한 사건이 발생하였는가? 그 사건이 왜 발생했다고 생각하는가?(11-15절)

_____

_____

_____

8. 그의 민족 의식은 어디에서 얻은 것인가?(참고/삼상 1:23-24, 잠 22:6)

_____

_____

_____

9. 당시 그의 행동을 놓고 히브리서 기자는 어떻게 해석하였는가?(히 11:24-25)

_____

_____

_____

10. 당신이 그리스도 때문에 받고 있는 고난은 어떠한 것들인가? 그리고 그러한 고난에 대해 어떠한 자세를 취하고 있는가? 서로 이야기해 보자.

_____

_____

11. 광야에서 모세에게 일어난 일을 말해 보라(16-22절).

_____

_____

_____

12. 하나님이 모세를 광야로 보낸 이유를 생각해 보라.

_____

_____

_____

13. 압제와 고난은 이스라엘에게 어떠한 태도와 변화를 일으키게 하였는가?(23절)

_____

_____

_____

14. 여기에서 당신이 깨달을 수 있는 진리를 말해 보라.

_____

_____

_____

3. 모세를 부르심

서론

이스라엘 자손들이 애굽에서 신음하는 400여 년 동안 하나님께서는 그들을 구원할 만반의 준비를 하고 계셨다. 그는 모세가 궁전에서 40년 동안 지도자로서 갖추어야 할 세상적인 교육과 훈련을 받게 하시고 다음에는 광야에서 40년 간 영적으로 필요한 모든 것을 갖추게 하셨던 것이다. 지도자를 준비하는 일이 끝나자 하나님은 드디어 모세에게 엄숙한 소명을 주셨다.

토의내용

1. 모세가 무엇을 하고 있을 때 하나님이 그를 찾으셨는가?(1절, 참고/암 7:14,15)

_____

_____

2. 이 사실이 우리에게 주는 교훈은 무엇인가?(참고/엡 6:5-6, 살후 3:10)

3. 하나님이 모세를 찾으실 때 어디서 나타나셨는가?(2절)

_____

_____

4. 왜 하필이면 가시나무와 불 가운데서 그를 부르셨다고 생각하는
   가?(참고/신 4:20, 사 10:16-17)

_____

_____

_____

5. 7절과 9절에서 우리는 하나님의 어떤 면모를 읽을 수 있는가?

_____

_____

_____

6. 하나님께서 당신이 처해 있는 현실의 고통을 당장 없애 주지 아니
   한다는 섭섭한 마음에서 이러한 하나님의 중심을 오해한 일은 없었
   는가?(참고/사 58:9, 시 40:1)

_____

_____

_____

7. 하나님은 모세에게 어떤 소명을 주셨는가?(10절)

_____

_____

8. 하나님의 부르심에 대한 모세의 반응을 당신은 어떻게 이해하는
가?(11절)

_____

_____

_____

9. 당신은 하나님으로부터 무슨 소명을 받았다고 생각하는가?(참고/
롬 12:1-2, 고전 10:31)

_____

_____

_____

10. 두려워하는 모세에게 하나님은 무엇이라고 격려하시며 그의 성공
을 보장해 주셨는가?(12절)

_____

_____

11. "내가 정녕 너와 함께 있으리라"는 하나님의 약속에 대해 당신이 느끼는 바를 말해 보라.

_____

_____

12. 하나님의 이름과 그 의미가 무엇이며, 그것은 하나님의 어떠한 면을 보여 주는 것인가?(13-15절)

_____

_____

13. 이스라엘이 애굽에서 해방을 받고 나오는 날 하나님께서 그들에게 무슨 선물을 주실 것을 말씀하시는가?(21-22절, 참고/창 15:14, 출 12:35-36)

_____

_____

14. 이 사실은 우리에게 무슨 진리를 확신케 하는가?(참고/히 6:17-18)

_____

_____

15. 오늘 공부한 내용 가운데서 가장 감명 깊이 깨달은 것을 각자 이
    야기하고 당장 생활에서 순종해야겠다고 생각하는 것이 무엇인가
    를 말하라.

    _____

    _____

    _____

4. 변명하는 모세

서론

가시나무 불꽃 가운데서 모세를 부르신 하나님께서는 모세가 전혀 예상하지 못하였던 임무를 맡기셨다. 하나님이 보시기에 모세는 준비를 갖춘 지도자였으나 모세 자신은 자기를 마땅한 사람이라고 전혀 생각을 못하고 있었다. 이와 같은 견해 차이를 하나님께서 어떻게 좁혀 주시는가를 보는 것은 매우 은혜스러운 일이다.

토의내용

1. 모세는 3장 11절에 이어 하나님께 두 번째 무엇이라고 대답했는가?(1절)

_____

_____

2. 모세의 우려하는 일을 안심시키기 위해 하나님은 무슨 능력을 모세에게 허락하셨는가?(2-9절)

_____

3. 성경에 기록된 모든 이적의 궁극적인 목적이 무엇인가?(5절)

_____

_____

4. 모세가 세 번째로 무슨 변명을 하였는가?(10절)

_____

_____

5. 이 변명 안에는 어떤 나쁜 요소가 들어 있는가?(참고/고후 1:8-9, 고전 1:28-29)

_____

_____

6. 당신은 하나님의 일을 하려고 할 때 모세처럼 이런 변명을 하지 않는가?

_____

_____

7. 모세의 변명에 대한 하나님의 대답은 무엇인가?(11-12절)

_____

_____

8. 11절의 말씀은 주의를 기울여야 할 내용이다. 하나님께서 모세에게 이 말씀을 하신 의도가 무엇인가?(참고/사 45:7)

_____

_____

_____

9. 모세의 네 번째 반응은 무엇인가?(13절)

_____

_____

10. 하나님은 그를 설득시키기 위해 무슨 대안을 제시하였는가?(14-15절)

_____

_____

_____

11. 하나님은 왜 강제로 모세를 호령하시지 않고 그의 마음이 움직이기까지 설득하시는가?(참고/시 51:12, 벧전 5:2)

_____

_____

12. 하나님의 일을 할 참된 종은 하고 싶다고 자원하는 사람이 아니라 하나님이 등을 떠밀어 내는 사람이라는 말이 있다. 당신은 어떻게 생각하는가?

_____

_____

13. 결국 하나님의 명령에 순종하여 위험이 도사리고 있는 애굽으로 들어가는 모세를 바라보면서 당신은 무엇을 느끼는가?(20절)

_____

_____

_____

14. 하나님이 형통케 하시는 일에는 인간관계도 순조롭게 풀린다고 할 수 있다. 모세, 이드로, 아론의 관계를 놓고 생각해 보라.

_____

_____

_____

5. 모세의 요구와 바로의 첫 반응

서론

모세는 백성의 지도자들이 크게 환영하는데 큰 용기를 얻고 바로의 면담을 요청하였다. 그리고 하나님의 메시지를 전달하였다. 이것은 바로의 심중을 읽어 보려는 일종의 예비 접촉이라 할 수 있다. 그러나 모세는 굉장한 충격을 받고 바로의 궁에서 물러나고 말았다.

토의내용

1. 모세가 바로에게 요구한 내용이 무엇인가?(5:1-3)

_____

_____

_____

2. 바로의 첫 마디 대답이 무엇인가?(5:2)

_____

_____

3. 이와 같은 바로의 반응에서 무슨 교훈을 받을 수 있는가?(참고/호 4:6, 렘 50:29, 31)

_____

_____

_____

4. 바로는 모세의 요구를 묵살하고 무엇을 이스라엘 백성에게 명령하였는가?(5:4-9)

_____

_____

_____

5. 바로가 그와 같은 강경책을 사용한 이유를 생각해 보라.

_____

_____

_____

6. 우리는 신앙 생활을 하면서 비슷한 경험을 할 수 있다. 말하자면 호사다마(好事多魔)의 어려움이다. 각자 자기 경험을 이야기해 보라.

_____

_____

_____

7. 요한계시록 12장 12절과 17절을 가지고 바로의 완강한 태도가 무엇을 의미하는 것인지 생각해 보라.

_____

_____

_____

8. 벽에 부딪친 모세는 하나님 앞에 어떠한 자세를 취하고 있는가? 왜 그러한 자세를 취하게 되었다고 생각하는가?(5:22-23, 6:12)

_____

_____

_____

9. 이것을 보고 신앙 생활에서 주의해야 할 점을 이야기해 보라(참고/ 갈 6:9).

_____

_____

_____

10. 실의에 빠져 있는 모세를 하나님은 다시 한번 어떻게 격려하여 주시는가? 요점을 정리하라(6:1-6, 8).

_____

_____

_____

11. 백성들이 모세가 전해 주는 하나님의 말씀을 듣지 아니한 이유가
    무엇인가?(6:9)

    _____

    _____

    _____

12. 당신이 만일 이스라엘 백성과 같은 처지에 놓였다면 어떻게 할 것
    인가?

    _____

    _____

    _____

13. 하나님의 약속과 현재 환경이 서로 역행할 때 우리는 어떻게 하는
    것이 바람직한가?(참고/롬 4:18-21, 시 37:7-8)

    _____

    _____

    _____

6. 열 재앙의 시작

서론

하나님이 예언하신 대로 바로 왕의 마음은 계속 강퍅해졌다. 이스라엘이 해방을 받을 수 있는 가능성은 아직도 희박하였다. 사람의 힘으로 할 수 없는 일임에 틀림없었다. 모든 여건이 오직 하나님의 능력만 바라보지 않을 수 없게 되었다. 드디어 하나님은 그의 백성을 위해 일어나신다.

토의내용

1. 바로에게 가기를 계속 주저하고 있는 모세에게 하나님은 어떤 권위를 주셨는가? 그리고 그것은 바로를 신으로 대접하던 당시 형편과 비교해서 어떤 의미를 가지는가?(7:1)

_____

_____

_____

2. 바로의 마음이 강퍅하여짐에 따라 하나님은 무엇을 하신다고 하였

는가?(7:3)

_____

_____

3. 표징과 이적 재앙을 내리신 목적을 두 가지 말하라(7:4-5).

_____

_____

4. 당신은 성경에 기록된 하나님의 이적 기사를 보면서 하나님만이 참
   신임을 믿는가? 그리고 그 믿음이 당신의 행동에 어떤 영향을 주는
   가?

_____

_____

5. 애굽에서 이스라엘을 구원하는 일은 오직 하나님만이 하실 수 있었
   다. 이것은 우리에게 무엇을 가르쳐 주는가?(참고/롬 3:23-24)

_____

_____

_____

6. 7장 16절과 8장 1절에서 '내 백성'과 '나를 섬김'은 깊은 관계를 가
   지고 있다. 이것은 우리에게 무엇을 가르쳐 주는가?(참고/시
   100:1-3)

7. 첫째 재앙과 그 결과는 무엇인가?(7:20-25)

_____

_____

_____

8. 애굽의 하수를 피가 되게 한 재앙은 무엇을 보여 주고 있는가?(참고/욥 8:13-15)

_____

_____

_____

9. 둘째 재앙은 무엇이며 이때 바로는 어떤 반응을 보였는가?(8:1-15)

_____

_____

_____

10. 개구리는 애굽의 여신으로 여겨지고 있었다. 그렇다면 둘째 재앙은 어떤 의미를 갖고 있다고 생각하는가?

_____

11. 셋째 재앙은 무엇인가? 그리고 이 재앙이 앞의 두 재앙과 다른 점이 무엇인가?(8:16-19)

_____

_____

_____

12. 당신은 강퍅한 자에게 내리시는 하나님의 재앙을 보고 무엇을 느끼는가?

_____

_____

_____

13. 많은 사람들이 여전히 강퍅하지만 재앙을 내리시지 않고 계시는 이유를 말해 보라(참고/롬 2:4-8).

_____

_____

_____

14. 이스라엘 백성들을 애굽의 종 되었던 자리에서 구원하셨듯이 나를 사탄의 종 되었던 자리에서 구원하시기 위해서 하나님이 행하

신 위대한 일은 무엇인가를 적어 보고 하나님께 감사와 찬양을 돌리자.

---

7. 재앙의 연속

서론

이스라엘을 구원하시려고 작정한 하나님의 계획을 바로가 막을 수 없었다. 바로가 아무리 완악하다 할지라도 하나님의 뜻을 돌이킬 수 없었다. 바로가 완전히 무릎을 꿇을 때까지 하나님은 무서운 재앙을 멈추지 않고 계신다.

토의내용

1. 네 번째 재앙이 무엇인가?(8:21)

_____

_____

2. 하나님께서 모세가 바로를 만날 때마다 꼭같은 말을 반복하도록 명령하시는 것을 다시 한번 주의 깊게 살펴보라(8:1, 20, 9:1, 13, 10:3).

　웨스트민스터 소요리 문답 제1문은 다음과 같다. "사람의 첫째 목적은 무엇인가?" "사람의 첫째 목적은 하나님을 영화롭게 하고, 영원토록 그를 즐거워하는 것이다." 이것의 의미를 각자 설명하고,

과연 이 내용과 일치하게 살고 있는가를 말해 보라.

_____

_____

_____

3. 하나님이 왜 애굽과 고센 땅을 구별하셨는가?(8:22-23)

_____

_____

4. 애굽에 재앙을 내리시면서도 자기의 백성은 재앙에 대한 피해를 조금도 당하지 않도록 배려하시는 하나님의 보호의 손길을 발견할 수 있다. 시편 91편을 읽으면서 느낀 점을 서로 나누어 보라.

_____

_____

_____

5. 8:25-32절은 어떤 내용인지 요약해서 정리해 보라.

_____

_____

_____

6. 다섯 번째 재앙이 무엇인가?(9:3)

_____

_____

7. 여섯 번째 재앙이 무엇인가?(9:9)

_____

_____

8. 일곱 번째 재앙이 무엇인가?(9:18)

_____

_____

9. 하나님이 단번에 바로를 처치하지 않고 여러 가지 재앙을 연속해서
   내리신 이유가 무엇인가?(9:15-16)

_____

_____

_____

10. 일곱 번째 재앙을 내리면서 하나님이 애굽 사람에게까지 긍휼을
    보이고 있음을 알 수 있다(9:19-21). 이 사실을 누가복음 6장 35-
    36절을 가지고 설명하라(참고/욥 31:29-30).

_____

_____

_____

11. 하나님이 경고하는 말씀을 마음에 두지 아니한 자들은 어떻게 되었는가? 당신에게는 이런 악한 데가 없는가?(9:21, 25)

_____

_____

_____

12. 9장 27-35절의 내용을 요약 정리하라.

_____

_____

_____

13. 무서운 재앙을 그렇게 당하면서도 이스라엘 백성을 보내지 않고 있는 바로의 모습을 보면서 무엇을 느낄수 있는가?(9:34-35)

_____

_____

_____

14. 오늘 공부에서 각자 받은 은혜를 다시 나누고 기도하라.

_____

_____

_____

8. 바로의 임박한 종말

서론

하나님은 바로의 강퍅한 마음을 이용하여 하나님만이 온 우주의 참 신이심을 알리셨다. 그리고 하나님을 향하여 대적하는 자는 누구나 바로와 같이 심판을 면하지 못할 것임을 경고하셨다. 그러나 어리석은 바로는 자기와 나라의 멸망을 스스로 끌어들이는 데까지 이르고 만다.

토의내용

1. 바로와 그 신하의 마음을 완강하게 하신 분이 하나님이라고 하신다 (1, 20절). 이 사실을 로마서 9장 22절에 비추어 생각해 보라.

_____

_____

_____

2. 2절에서 하나님은 바로에게 여러 가지 재앙을 내리신 목적을 하나 더 알려 주고 있다. 그것이 무엇인가?

_____

3. 이스라엘 백성이 대대로 하나님을 예배하게 하기 위해 하나님이 과
   거 이스라엘을 위해 무엇을 하셨는가를 반복하여 가르치게 하셨다.
   그 이유를 생각해 보라.

   _____

   _____

   _____

4. 당신은 성경을 부지런히 배우고 자녀들에게 가르쳐야 하는 가장 큰
   이유를 잊어버리고 있지 않는가?

   _____

   _____

   _____

5. 여덟 번째 재앙이 무엇인가?(5-6절)

   _____

   _____

6. 그 피해가 어느 정도였는가? 그리고 바로는 어떻게 하였는가?(15-
   17절)

   _____

7. 바로는 숨을 돌릴 만하면 다시 완악해졌다. 그리고 거짓말을 예사로 하였다(20절). 당신의 신앙 생활 중에 이와 같은 어두운 부분이 없었는지 반성해 보라.

8. 아홉 번째 재앙이 무엇인가?(21-23절)

9. 애굽에 대한 재앙 중에서도 하나님은 이스라엘 백성을 어떻게 돌보시고 계시는가?(24절)

10. 당신도 이와 비슷한 하나님의 보호의 손길을 체험한 경험이 있으면 나누어 보라.

11. 아홉 번째 재앙에 대한 바로의 반응은 어떠하였는가?(24절)

_____

_____

12. 모세가 무엇이라고 대답하였는가?(25-26절)

_____

_____

_____

13. 대답하는 모세의 태도에서 무엇을 느낄 수 있는가?

_____

_____

14. 모세의 대답 속에서 진정한 제사(예배)는 어떤 것임을 알 수 있는
가?

_____

_____

_____

15. 당신은 진정한 예배를 드리는 삶을 살고 있는가? 만약 그렇지 못하다면 그 이유는 무엇인가?

_____

_____

_____

9. 마지막 재앙

서론

바로는 아홉 가지 재앙을 통해 하나님의 존재를 그의 눈으로 똑똑히 보았으나 굴복하려고 하지 아니하였다. 드디어 하나님께서 마지막으로 그의 거만한 목을 꺾으시는 작업이 시작된다. 한편 하나님은 애굽을 떠날 날이 임박한 이스라엘 백성들을 준비시키기 시작하신다. 그 준비는 하나님의 구원을 영원히 기념할 유월절을 어떻게 지킬 것인가를 가르치는 데서부터 시작된다.

토의내용

1. 열 번째 재앙은 무엇인가?(11:4-6)

2. 이스라엘이 애굽에서 나오는 날 두 가지의 희한한 일이 벌어질 것을 말씀하시는데 그것이 무엇이며 그 이유를 생각해 보라(11:1, 2, 8).

_____

_____

_____

3. 이와 같은 사실을 놓고 에베소서 3장 20절을 읽으면서 무엇을 특별히 깨달을 수 있는가?

_____

_____

_____

4. 이때 이스라엘에게 무슨 절기를 지키라고 하셨는가?(12:11)

_____

_____

5. 유월절은 언제 지키는가?(12:18)

_____

_____

6. 유월절에 잡는 어린양에 대해 정리해 보라(12:3-11).

_____

_____

7. 유월절 어린양의 피를 문설주와 인방에 바르는 이유가 무엇인가?(12:13)

_____

_____

_____

8. 유월절 어린양이 예수 그리스도와 그와 십자가를 예표하는 이유를 몇 가지 정리하라(12:3-7, 13).

_____

_____

_____

9. 당신은 어린양의 피로 생명을 건진 이스라엘의 장자다. 그 이유를 설명하라(참고/마 26:28, 롬 5:9)

_____

_____

_____

10. 유월절을 지키는 일주일 간은 누룩을 어떻게 하라고 하였는가?(12:15-20)

_____

_____

_____

11. 누룩은 무엇을 상징하는가?(참고/고전 5:6-8, 눅 12:1)

_____

_____

_____

12. 당신에게 누룩이 남아 있다면, 어떤 누룩인지 구체적으로 적어 보라.

_____

_____

_____

13. 당신은 예수 그리스도의 피로 구속함을 받은 사람이므로 당신의 마음과 가정에서 누룩을 없애야 한다. 어떻게 하면 누룩을 없앨 수 있는가?

_____

_____

_____

14. 유월절을 영원히 지키라고 하는 이유가 어디에 있는가?(참고/고전 11:26)

_____

_____

_____

15. 오늘 받은 은혜를 각자가 간단히 정리하고 함께 기도하자.

_____

_____

_____

_____

10. 출애굽의 기적

서론

하나님께서 아브라함에게 600여 년 전에 약속하신 일(창 15:13-14)이 드디어 우리 눈앞에서 성취되는 것을 볼 수 있다. 430년 간 노예 생활을 하였던 이스라엘이 애굽에서 해방을 받아 고국인 가나안을 향해 행군을 하기 시작한 것이다. 이 장엄한 사건을 보면서 우리가 무엇을 배울 수 있는지 성령의 인도하심을 기다려 보자.

토의내용

1. 하나님이 애굽에 내린 마지막 재앙이 무엇이었는가?(12:29)

_____

_____

2. 이 재앙이 임하자 애굽 천지에 어떤 일이 일어났는가?(12:30)

_____

_____

_____

3. 장자의 죽음이 왜 이렇게 큰 충격을 주었다고 생각하는가?

_____

_____

_____

4. 이 사건을 보면서 우리를 구원하기 위해 장자보다 더 귀한 것을 희생시킨 하나님의 심정을 이해할 수 있는가?(참고/슥 12:10, 롬 8:32).

_____

_____

_____

5. 이스라엘이 애굽에서 나오던 날 애굽 사람들의 달라진 태도를 몇 가지 찾아보라(12:31-36).

_____

_____

_____

6. 12장 35-36절과 창세기 15장 14절을 비교해 보라. 당신은 무엇을 느낄 수 있는가?

_____

_____

7. 39절의 말씀에서 세상으로부터 구원받은 성도들의 입장과 태도를 정리하라(참고/ 요 15:19, 고후 6:2, 마 6:31-32).

_____

_____

_____

8. 당신은 예수를 믿는다고 하면서 아직도 세상에 대한 미련, 하나님과 세상 사이의 머뭇거림, 염려로 시험당하는 일이 없는가? 있다면 그 이유가 어디에 있는지 말해 보라.

_____

_____

9. 70명 소수가 애굽으로 내려간 지 430년이 된 지금 이스라엘 백성은 창대해져 '여호와 군대'가 되어 출애굽하고 있다. 당신의 삶의 영역에서 창대해져야 할 부분은 무엇이며, 이것을 위해서 어떤 자세를 가져야 할 것인가?(12:41, 참고/ 욥 8:5-7)

_____

_____

_____

10. 하나님은 해방된 이스라엘에게 유월절을 절대로 잊지 말고 지키라고 명령하시는데 그 이유를 말하라(12:42, 13:4-10, 참고/시 103:1-5).

_____

_____

_____

11. 어린양의 피로 죽음을 면한 처음 난 초태생에 대해 무엇이라고 말씀하시는가?(13:1-2, 참고/민 3:46-47)

_____

_____

12. 예수를 믿는 우리는 영적으로 말해 '살아 남은 초태생'이라 할 수 있다. 왜 그런가?

_____

_____

13. 큰 권능으로 큰 희생으로 우리를 죄의 권세에서, 죽음의 속박에서 구원하신 하나님께 진정으로 감사하기 위해 당신은 어떻게 남은 생을 살고 싶은가?

_____

_____

11. 홍해의 기적

서론

이스라엘이 애굽을 출발한 지 얼마 안되어 제일 처음으로 직면한 시험은 이 홍해와 추격하는 애굽 군대였다. 그들이 당황하고 두려워할 때 하나님은 어떻게 구원의 손을 내밀어 도와주셨는가를 공부하는 것은 우리에게 너무나도 큰 은혜가 된다. 홍해를 가르시고 자기 백성을 구원하신 하나님이 오늘도 변함없이 우리의 아버지가 되시기 때문이다.

토의내용

1. 이스라엘을 애굽에서 인도하여 내시면서 하나님은 처음부터 두 가지의 각별한 배려를 하신다. 그것이 무엇인가?(13:17, 13:21-22)

_____

_____

_____

2. 이 두 가지의 자상한 배려를 통해 무엇을 배울 수 있는가?

_____

_____

_____

3. 하나님이 바다가 가로막고 있는 비하히롯 근처로 이스라엘을 인도하신 것을 보고 무엇을 느낄 수 있는가?(14:1)

_____

_____

_____

4. 하나님은 모세에게 애굽 군대가 추격할 것을 미리 알려 주셨다. 왜 그랬을까?(14:4, 참고/창 18:17, 요 15:15)

_____

_____

_____

5. 바로의 군대가 추격하는 것을 보자, 이스라엘 백성은 어떤 반응을 보였는가?(14:10-12)

_____

_____

_____

6. 두려움은 왜 일어나는 것일까?

_____

_____

_____

7. 하나님을 향해 불평을 잘 늘어 놓는 사람은 무엇이 문제라고 생각
하는가?

_____

_____

_____

8. 당신한테는 믿음이 공포나 불평을 이기지 못해 빠지는 시험이 없는
가? 있다면 어떻게 그것을 극복하는가?

_____

_____

_____

9. 홍해 앞에서 이스라엘이 할 일은 하나뿐이었다. 무엇인가?(14:13-
14)

_____

_____

_____

10. 이 사실을 우리의 구원과 연관시키면 무슨 진리를 배울 수 있는
가?(참고/롬 4:5, 엡 2:8-9)

_____

_____

_____

11. 당신은 '오직 은혜' 라는 말을 알고 있는가? 14장 15-20절의 내용을 가지고 설명해 보라.

_____

_____

_____

_____

_____

12. 위기에서 하나님은 자기 백성을 어떻게 보호하시는가?(14:19-20)

_____

_____

_____

13. 어려운 위기 가운데 하나님의 보호하심으로 그 위기를 넘긴 경험이 있으면 서로 나누어 보라.

_____

_____

_____

12. 구원자 하나님

서론

하나님은 이스라엘을 위하여 손수 바다를 갈랐다. 이스라엘은 마른 땅을 걸어 바다를 건넌 후 애굽과 영원한 이별을 고하였다. 이 놀라운 사건이 그리스도인에게 무엇을 교훈하는 진리를 담고 있는지 알아 보려고 한다. 우리 역시 홍해를 건넌 하나님의 백성이라고 할 수 있는지 각자 자문할 수 있으면 좋을 것이다.

토의내용

1. 하나님이 애굽 군대를 어떻게 심판하셨는지 간단하게 정리하라 (14:21-31).

   _____

   _____

   _____

   _____

2. 14장 21-31절의 내용을 가지고 홍해를 갈라 백성을 통과하게 하신

이가 모세가 아니라 여호와 하나님이심을 확인해 보라.

_____

_____

_____

3. 당신이 홍해를 건너는 사람 가운데 하나라면 어떤 감정에 사로잡혀 있을까?

_____

_____

_____

4. 애굽이 철저하게 몰락한 이유를 말해 보라.

_____

_____

_____

_____

5. 하나님을 대항하는 개인이나 국가는 결국 이렇게 망한다는 사실을 당신은 믿는가?

_____

_____

_____

6. 고린도전서 10장 1-2절을 가지고 홍해의 기적이 우리에게 무엇을 가르쳐 주는지 말하라.

_____

_____

_____

7. 당신도 홍해를 건넌 사람이라고 할 수 있는가? 그것을 어떻게 입증할 수 있는가?(참고/롬 6:3-4)

_____

_____

_____

8. 31절에서 '보다- 경외하다- 믿다' 의 관계를 생각하라. 보는 것이 믿음의 절대 요건인가?(참고/민 14:22, 23, 요 20:29)

_____

_____

_____

9. 홍해를 건넌 후 이스라엘은 무엇을 제일 먼저 하였는가?(15:1)

_____

_____

_____

10. 당신은 구원받은 자로서 찬양이 살아 있는가?

_____

_____

_____

11. 15장 1-21절 가운데서 다음 구절을 묵상하라. 그리고 각 절의 주제가 무엇인지 정리하라(2, 11, 13절).

_____

_____

_____

12. 당신은 하나님을 모든 삶의 현장에서 '유일하신 신' '구원자' '힘'이라고 고백하는가? 그 실제적인 예를 들어 보라.

_____

_____

_____

13. 마라에서 당한 일

서론

홍해가 갈라지고 애굽 군대가 전멸하는 큰 기적을 목격한 이스라엘은 흥분에 사로잡혀 있었다. 그들의 입에서는 찬송이 쉴 새 없이 흘러나왔고 하나님의 살아 계심과 능력을 의심하는 자는 하나도 없었다. 그러나 이삼일이 지나자 구원의 기쁨은 연기처럼 사라지고 말았다. 무엇이 문제였는가?

토의내용

1. 전체 내용을 다시 한번 정리하라.

_____

_____

_____

_____

2. 홍해를 건넌 다음 백성이 마라에 이르기까지 며칠 동안 광야를 여

행하였으며 그들이 겪어야 했던 어려움은 무엇인가?(22, 23절)

_____

_____

_____

3. 백성은 결국 무엇을 하였는가?(24절)

_____

_____

_____

4. 하나님이 이스라엘을 구원한 즉시 이러한 어려움을 당하게 하신 것
   을 놓고 무엇을 배울 수 있는가?

_____

_____

_____

_____

5. 예수 믿고 구원을 받은 사람의 앞길에는 항상 기쁨과 형통함만이
   기다리는가?(참고/ 마 7 : 13, 14)

_____

_____

_____

6. 예수 믿고 즉시 어려움을 만난 경험이 있으면 말해 보라.

_____

_____

_____

7. 이스라엘 백성에게는 구원의 노래가 사흘이 못 가 원망과 불평으로 변하였다. 이 사실이 우리에게 무엇을 가르쳐 주는가?(참고/마 13:21, 빌 3:18, 19)

_____

_____

_____

8. 백성의 원망은 모세가 무엇을 하게 만들었는가?(25절)

_____

_____

_____

_____

9. 마라의 쓴 물이 어떻게 단물이 되었는가?(25절)

_____

_____

_____

10. 기도하는 자의 눈에 문제의 해답이 보였다. 이 사실을 가지고 느끼는 바를 이야기하자.

_____

_____

_____

11. 백성이 하나님의 말씀을 잘 순종하면 어떤 축복을 주신다고 약속하셨는가?(26절)

_____

_____

_____

12. 치료하시는 하나님을 당신은 믿는가?

_____

_____

_____

13. 하나님은 백성을 연단한 후에 위로를 주신다. 그 내용이 무엇인가?(27절)

_____

_____

_____

14. 시편 30편 11절을 묵상하라.

_____

_____

_____

_____

14. 만나와 메추라기

서론

아무것도 먹을 것이 없는 광야에서 이스라엘 백성은 오직 하나님이 주시는 것으로 살아가는 독특한 생활을 체험하였다. 식량 대신에 만나를, 육류 대신에 메추라기를 먹고 사는 광야 생활은 우리에게 큰 진리를 교훈하는 역사의 산 현장이었다.

토의내용

1. 이스라엘 백성이 애굽에서 신광야에 이르기까지 며칠이 걸렸는가?(1절, 참고/12:2, 6)

_____

_____

2. 신광야에서 백성이 원망하게 된 이유를 말하라(3절).

_____

_____

_____

3. 그들의 원망이 선하지 못한 이유가 무엇인가?(3, 8절)

_____

_____

_____

4. 당신이 만일 그들의 입장에 놓인다면 꼭 같은 원망을 하지 않겠는가?

_____

_____

_____

5. 하나님께서는 백성의 원망에 대해 대단히 관용하신 것 같다. 그래서 즉시 그들의 요구를 들어주셨다. 그 내용이 무엇인가?(4, 8절)

_____

_____

_____

_____

6. 평일에는 만나를 어떻게 거두어 오라고 하셨는가?(16절)

_____

_____

7. 평일에는 만나를 거두면서 백성들이 하나님을 의심한 흔적이 두 가
지 사실에서 나타났다. 무엇인가?(17-18절, 19-20절)

_____

_____

_____

8. 만나는 사람의 욕심대로 배를 채울 수 있는 식량이 아니었다. 왜 그
런가?

_____

_____

_____

9. 안식일에 지켜야 할 만나의 규칙은 무엇인가?(22, 23절)

_____

_____

_____

10. 안식일 규칙을 지키는 일에도 하나님을 의심하는 흔적이 있다. 무
엇인가?(26, 27절)

_____

_____

_____

11. 이상과 같이 백성이 계속하여 하나님의 말씀을 신뢰하지 못하는 이유가 어디에 있다고 생각하는가?

_____

_____

_____

12. 당신에게 이러한 악이 숨어 있지 않은가? 있다면 한 가지 예를 들어 보라.

_____

_____

_____

13. 만나는 오늘날 무엇을 상징하는가?(요 6:31-35)

_____

_____

_____

14. 만나 규칙에서 우리의 신앙 생활을 위해 늘 마음에 두어야 할 사실들을 정리해 보라(마 4:4, 시 1:2, 요 6:35).

_____

_____

_____

15. 반석의 생수

서론

이스라엘 백성은 광야에 들어선 후 두 번째의 위기를 만났다. 타는 목을 축일 물이 전혀 보이지 아니한 것이다. 그들은 또다시 그들의 악한 본성을 드러내고 말았다.

토의내용

1. 이스라엘 백성이 물이 없어 고통을 자주 당하였는데 그 이유가 어디에 있었는지 자연 조건과 하나님의 계획에 비추어 생각하라(참고/신 8:15, 8:2).

_____

_____

_____

2. 르비딤에서 마실 물이 없자 백성은 어떻게 하였는가?(2절)

_____

_____

3. 당신 같으면 어떻게 할 것 같은가?

_____

_____

_____

4. 모세와 다툼은 여호와 하나님을 시험하는 것과 같다고 한다. 그 이유를 말해 보라(2, 7절).

_____

_____

_____

5. 하나님을 시험하는 일이 왜 악한가?(7절, 참고/시 78:18-22)

_____

_____

6. 요즈음 잘못된 사람들이 종종 '주여 믿사오니'라고 하면서 하나님을 시험하는 죄에 빠지는 것을 본다. 예를 들 수 있는가?

_____

_____

_____

7. 당신은 무의식 중에 하나님을 시험한 일이 없는가?

8. 백성이 처음에는 모세와 다투었으나 그 다툼이 무엇으로 변하였는 가?(3절)

9. 그들의 원망에서 무엇이 드러났는가?

10. 하나님이 모세에게 무엇을 지시하셨는가?(5-6절)

11. 약 200만 명의 사람과 수백만 명의 가축이 마실 수 있을 만큼 많은 물을 반석을 쪼개어 쏟아지게 하신 하나님의 능력을 어떻게 생각 하는가?

_____

_____

_____

12. 고린도전서 10장 4절을 묵상하라.

_____

_____

_____

13. 광야 같은 세상을 살면서 우리 인생의 목마름을 해갈시킬 수 있는
분은 예수 그리스도뿐이시다. 이 사실을 각자가 체험적으로 고백
해 보라(참고/ 요 6:35).

_____

_____

_____

16. 아말렉 전투

서론

이스라엘이 애굽을 나온 후 처음으로 전쟁을 경험하였다. 아말렉과 치른 이 싸움은 여러 가지 면에서 우리에게 주는 영적 교훈이 많다.

토의내용

1. 르비딤에서 이스라엘이 누구의 공격을 받았는가?(8절)

2. 아말렉을 맞아 싸우면서 모세는 두 가지 전법을 사용하였다. 그것이 무엇인가?(9-10절)

3. 전투의 승패가 어디서 좌우되었는가?(11절)

4. 승리를 얻기 위해 모세는 어떻게 하였는가?(12절)

_____

_____

_____

5. 그리스도인은 세상에서 선한 싸움을 하는 자들이다. 베드로전서 5
   장 8-9절을 가지고 여호수아의 역할을 말하라.

_____

_____

_____

6. 모세의 역할과 아론과 훌의 역할은 무엇을 의미하는가?(참고/엡
   6:18-19)

_____

_____

_____

7. 당신은 영적 싸움에서 여호수아, 모세, 아론과 훌의 역할을 충실히
   겸하고 있는가?

_____

_____

_____

8. 당신이 빈번히 영적으로 실패한다면 이상 세 가지 역할 중 무엇이 부족한 탓이라고 생각하는가?

_____

_____

_____

9. 하나님은 자기 백성을 무고히 괴롭히는 자들을 잊지 않으신다. 다음 말씀을 가지고 이 사실을 생각하라.

• 신명기 25:17-19

_____

_____

• 사무엘상 15:2-3

_____

_____

10. 우리의 아말렉은 누구이며 그들에 대해 하나님은 무엇이라고 교훈하는가?(참고/롬 12:19, 계 19:19-21, 20:10-14)

_____

_____

_____

_____

11. 결국 우리가 영적인 싸움에서 승리할 수밖에 없다는 사실을 믿는
가? 믿는다면 그 근거는 무엇인가?(16절)

_____

_____

_____

12. 위의 말씀을 각자의 생활에 적용하면서 새롭게 결심하는 시간을
갖자.

_____

_____

_____

17. 제사장 이드로의 충언

서론

모세의 장인 이드로는 이스라엘 사람이 아니면서 하나님의 제사장으로 부름을 받았던 특별한 사람이었다. 그가 잠깐 모세를 방문한 자리에서 이스라엘의 앞날에 조직과 행정에 관하여 지대한 공헌을 하게 될 충고를 하였다. 한마디로 말하면 분담사역의 중요성에 관한 지혜를 가르쳐 준 것이다. 이드로의 충언이 우리에게 무슨 교훈을 주는지 공부해 보자.

토의내용

1. 모세는 아침부터 무엇을 하고 있었는가?(13절)

_____

2. 왜 재판을 하나님께 묻는다는 말로 표현하고 있는가?(15-16절)

_____

_____

_____

3. 우리는 어려운 문제를 놓고 어떻게 하나님께 물을 수 있는가?(참고
/욥 42:4)

_____

_____

_____

4. 이드로가 모세의 처신을 반대하고 나선 이유가 무엇인가?(17-18
절)

_____

_____

_____

5. 이드로가 충언한 두 가지 사실을 말하라(19-20절, 21-22절).

_____

_____

_____

6. 이드로의 의견이 대단히 좋고 사리에 맞는 것이라는 이유를 말하
라.

_____

_____

_____

7. 모세는 하나님을 직접 만나 말씀을 듣는 특별한 위치에 있었던 선지자요 제사장이요 왕이었다. 그럼에도 불구하고 백성 가운데 지도자들을 세워 일을 분담하는 지혜를 알지 못하였다는 점에 대해 무엇을 배울 수 있는가?

_____

_____

_____

8. 하나님이 기뻐하시는 뜻이 이드로라는 측근의 사람으로부터 알려질 수 있었다는 점을 통해 무엇을 배울 수 있는가?

_____

_____

_____

9. 모세의 겸손을 설명해 보라(24절, 참고/빌 2:1-3).

_____

_____

_____

10. 교회는 일은 서로 나누어 봉사하지 아니하면 안되는 독특한 체질을 가지고 있다. 그 이유를 말하라.

• 로마서 12:4, 5

_____

_____

- 에베소서 4:7

_____

_____

11. 전도서 4장 9-12절을 함께 읽고 느끼는 바를 이야기해 보라.

_____

_____

_____

12. 당신은 교회에서 다른 형제를 섬기기 위해 어떤 은사를 가지고 있다고 생각하는가? 그리고 앞으로 어떤 일에 특별히 도움이 되고 싶은가?

_____

_____

_____

18. 하나님의 시내산 강림

서론

이스라엘이 시내산에 도착한 다음 어느 정도 안정을 찾자 그들을 애굽에서 능하신 팔로 구원해 주신 여호와 하나님을 알현하는 엄숙한 시간이 기다리고 있었다. 이제 그들은 시내산에 강림하실 하나님을 가장 가까이에서 만나 보는 두렵고 흥분된 절차를 준비하기 시작한다.

토의내용

1. 이스라엘이 애굽을 나온 지 얼마 만에 시내산 광야에 도착하였는가?(1절)

_____

2. 모세가 백성을 이곳으로 인도한 이유가 어디에 있는가?(참고/3:12)

_____

_____

_____

3.하나님께서 모세를 산으로 부르셨다(3절). 이제부터 산은 모세가 하나님을 만나는 장소로 새로운 의미를 갖게 된다. 다음 성구를 가지고 산과 성도와의 관계를 살펴보라.

• 시편 24:3   • 시편 121:1   • 시편 133:3

_____

_____

_____

4. 4절 말씀을 각자 자기의 말로 다시 정리해 보자.

_____

_____

_____

5. 이 본문에서 독수리 날개로 업어 인도하였다는 의미가 무엇인가?(참고/신 32:10-12, 사 63:8-9)

_____

_____

_____

6. 이 표현은 구원의 전적인 은혜를 나타내는 것이라 할 수 있다. 왜 그렇다고 생각하는가?

_____

7. 당신은 독수리 날개로 업어 인도하시는 것과 같은 하나님의 인도를 받아 본 적이 있는가? 서로 이야기해 보라.

_____

_____

_____

8. 5-6절은 하나님이 구원받은 이스라엘과 새로운 언약을 체결하시는 내용이다. 다음 내용을 검토하라.

  • 언약의 당사자들

_____

  • 언약의 조건

_____

  • 언약의 내용

_____

9. 하나님이 시내산에서 이스라엘 백성과 맺은 언약에 비해 우리와 맺은 새 언약은 무엇이 다른가?(참고/ 요 1:12)

_____

_____

_____

10.. 하나님이 모세와 시내산에서 직접 말씀하시는 이유를 말하라. 그리고 요한복음 1장 14절과 비교해 보라(9절).

_____

_____

_____

11. 백성들이 하나님을 만나기 위해 준비한 내용이 무엇인가?(10-13절)

_____

_____

_____

12. 그들에 비해 우리가 하나님을 만나는 준비는 어떻게 다른가?(참고/히 10:19-22)

_____

_____

_____

13. 구약의 이스라엘 백성에 비해 지금 우리는 하나님으로 말미암아 얼마나 큰 축복을 받았는지 시내산 언약에 비추어 한 가지씩 말해 보라.

_____

_____

14. 이 과를 통해 우리는 이스라엘 백성보다 훨씬 더 큰 축복을 받았음을 알 수 있다. 그렇다면 우리들의 신앙의 삶이 이스라엘 백성들보다 나아야 될 것이다. 과연 그러한가? 그렇지 못하다면 그 이유는 무엇인가?

_____

_____

_____

19. 누가 하나님을 만날 수 있는가?

서론

하나님께서 드디어 시내산 꼭대기에 강림하셨다. 이스라엘은 하나님을 뵈올 준비를 다 갖추었으나 모세를 중간에 세우지 아니하고는 하나님과 만날 수도 없었고 대화를 할 수도 없었다. 그리고 하나님 편에서 자신의 임재로 백성들이 상하지 않을까 염려하신 것을 볼 수 있다. 여기서 우리는 무엇을 배울 수 있는가? 하나님의 거룩이다.

토의내용

1. 하나님을 기다리는 이스라엘이 가장 먼저 갖추어야 할 조건이 무엇이었는가?(14-15절)

_____

_____

_____

2. 그리고 그 이유를 말해 보라(레 11:45, 히 12:14).

_____

3. 이스라엘 사람들이 자신을 거룩하게 하는 방법이 왜 우리에게는 필요가 없게 되었는가?(행 26:18, 히 10:10)

4. 하나님이 강림하실 때 나타난 특별한 현상을 말하라(16-18절).

5. 이스라엘 백성들은 하나님의 언약에 호언장담으로 대답한 지 얼마되지 않았다. 그런데 왜 그들은 지금 떨고 있다고 생각하는가?(16절, 참고/8절, 사 6:5)

6. 불은 하나님의 질투를 상징하며 거룩하지 못한 것을 무엇이나 태워 없애는 하나님의 진노를 의미한다. 하나님이 질투하신다는 의미는

무엇이라고 생각하는가?(참고/출 20:5, 6, 신 4:24, 29:20)

_____

_____

_____

7. 나의 삶을 살펴보면서 어떠한 삶이 하나님의 질투를 유발시켰겠는
가를 구체적으로 적어 보라.

_____

_____

_____

8. 하나님께서 백성들이 산으로 가까이 가지 못하게 하신 이유는 무엇
인가?(21, 24절)

_____

_____

_____

9. 하나님과 모세가 대화하는 모습을 보면서 무엇을 느끼는가?(19-24
절, 참고/출 33:11)

_____

_____

_____

10. 우리는 모세를 중보자로 세운 이스라엘 백성과는 달리, 예수 그리
    스도로 말미암아 중보자 없이 하나님과 대화할 수 있게 되었다.
    그렇다면 우리는 하나님과 구체적으로 어떻게 대화할 수 있는가?
    여러 방법들을 적어 보라.

    _____

    _____

    _____

11. 나는 하나님과 대화하는 생활을 잘 하고 있는가? 그렇지 못하다면
    그 이유는 무엇인가?

    _____

    _____

    _____

20. 제1, 2계명

서론

하나님께서 이스라엘을 애굽에서 구원하신 다음 그들이 거룩한 백성답게 살 수 있는 법도를 가르쳐 주셨다. 그 법도 가운데 십계명은 가장 중요한 핵심과 본질이므로 이스라엘은 이 계명에 철저하게 순종하지 않으면 안되었다. 구원 다음에는 순종의 삶이 따른다는 진리를 배우는 기회가 온 것이다.

토의내용

1. 이스라엘이 하나님의 자녀답게 살기 위해 십계명을 받지 아니하면 안되는 이유가 어디에 있는가?(2절, 참고/신 4:14)

_____

_____

_____

2. 모세가 십계명을 어떤 분위기에서 받았는가?(신 5:22)

_____

3. 제1계명은 무엇인가? 그리고 그 안에 들어 있는 기본 정신을 설명하라(참고/신 6:4, 5, 8:14, 17, 10:12).

_____

_____

_____

4. 제1계명은 단지 다른 신을 섬기지 아니하는 것으로 온전히 순종하였다고 말할 수 있는가?(참고/골 3:5, 요일 2:15)

_____

_____

_____

5. 제2계명을 설명하라(4, 5절).

_____

_____

6. 이 계명이 가르치는 교훈 두 가지를 설명하라(참고/신 4:15-18, 요 4:24).

_____

_____

_____

7. 이 계명은 예술적 의미를 가진 모든 종류의 조각이나 그림마저 만들지 못하게 금하신 것인가?

_____

_____

_____

8. 신명기 4장 25절을 보면 인간에게 우상을 만들고 섬길 수 있는 부패한 근성이 있음을 암시하고 있다. 왜 사람은 눈에 보이는 신을 더 좋아한다고 생각하는가?

_____

_____

_____

9. 나에게 있어서 우상은 무엇인가? 서로 이야기해 보라.

_____

_____

10. 하나님은 우상숭배자들을 가리켜 '나를 미워하는 자'라고 말씀하고 계시는데 그 이유가 무엇인가 생각해 보자(5절, 참고/마 6:24).

_____

_____

_____

11. 하나님의 질투는 무슨 의미를 가지는가?(참고/사 42:8, 렘 31:3, 아 8:6)

_____

_____

_____

12. 하나님만을 사랑하고 그만을 섬기는 사람과 그 후손에게 주시는 천대의 축복을 믿는가?(5-6절)

_____

_____

_____

13. 처음 두 계명에서 우리가 깊이 마음에 새겨서 순종해야 할 진리가 무엇이라고 생각하는지 각자 이야기하라.

_____

_____

_____

21. 제3, 4계명

서론

하나님께서 이스라엘을 구원하신 다음 그들을 자기 백성답게 만들기 위해 주신 계명 가운데 제3, 4계명은 그 앞의 두 계명과 같이 하나님을 향해 이스라엘이 특별히 지켜야 할 중요한 삶의 법칙이었다.

토의내용

1. 제3계명을 다시 정리하라(7절).

___

___

___

2. 하나님의 이름을 망령되이 일컫는다는 것은 어떤 것을 말하는 가?(참고/레 19:12, 마 5:34-35)

___

___

___

3. 왜 하나님의 이름을 망령되이 일컫는 것이 악한가?

_____

_____

_____

4. 우리에게는 이 계명을 어기는 사례가 없는가?(참고/마 7:21)

_____

_____

_____

5. 우리는 하나님의 이름을 어떻게 해야 하는가? 구체적인 방법들을
   서로 이야기해 보라(참고/시 33:21, 103:1, 105:3, 106:47).

_____

_____

_____

6. 제4계명을 다시 정리하라.

_____

_____

_____

7. 안식일에 해야 할 일과 하지 말아야 할 일은 각각 무엇인가?(8-10

절)

_____

_____

_____

8. 안식일을 지켜야 할 이유가 두 가지 있다. 하나는 11절에 있고 또
   하나는 신명기 5장 15절에 있다. 적어 보라.

_____

_____

_____

9. 예수님은 안식일의 정신을 어떻게 설명하고 계시는가?(참고/마
   12:5-12)

_____

_____

_____

10. 예수님이 부활하신 후부터 교회는 안식일을 주일로 옮겨 지키기
    시작하였다. 그 이유를 생각해 보라(참고/요 20:19, 26, 골
    2:16).

_____

_____

_____

11. 우리에게는 주일 성수가 구약 시대처럼 무거운 멍에가 될 수 없다. 그럼에도 불구하고 주일을 거룩히 지켜야 한다. 그 이유가 무엇인가?

_____

_____

_____

12. 어떻게 해야 주일 성수를 은혜롭게 할 수 있을까?

_____

_____

_____

22. 제5-7계명

서론

십계명 가운데 제5계명부터 열거하는 내용은 이웃끼리 준수해야 할 법이라 할 수 있다. 하나님의 자녀는 이웃 사람을 무시하고 하나님에게만 순종할 수 없다. 이웃에게 선을 행할 때 우리는 하나님께 순종할 수 있는 것이다.

토의내용

1. 가장 가까운 이웃은 누구인가?(12절)

_____

_____

2. 부모를 공경한다는 것은 무엇을 의미하는가? 다음 성구를 가지고 생각해 보라.

• 신명기 27:16

_____

• 잠언 15 : 20

3. 부모를 공경하는 자에게 장수를 약속하고 있다. 이 약속을 믿는가?

4. 요즈음 부모를 모시는 문제를 가지고 고민하는 자녀들이 너무 많다. 그 이유가 어디에 있다고 생각하는가?

5. 당신은 부모를 어떻게 공경하고 있는지 말해 보라.

6. 제6계명은 살인하지 말라는 것이다. 왜 살인해서는 안되는지 그 이

유를 생각해 보라(참고/창 9:6).

_____

_____

_____

7. 살인의 일반적인 동기는 무엇인가?(참고/마 5:21-22, 요일 3:15)

_____

_____

_____

8. 우리는 모두 살인자라는 생각이 들지 않는가?

_____

_____

_____

9. 제7계명은 무엇인가?

_____

_____

10. '간음'이란 무엇을 말하는가?(참고/레 20:10, 겔 16:32, 히 13:4)

_____

_____

_____

11. 왜 하나님이 간음죄를 그토록 싫어하실까? 그 이유를 생각해 보라
(참고/고전 3:16-17, 약 4:4).

_____

_____

_____

12. 우리 중에 간음죄와 무관한 자가 있을 수 있는가?(참고/마 5:27)

_____

_____

_____

13. 이상 세 가지 계명을 검토해 보아도 사람이 계명을 완전히 지켜
하나님이 기뻐하시는 의를 얻는다는 것이 얼마나 불가능한지를
알 수 있다. 그래서 갈라디아서 2장 16절의 말씀은 우리에게 더없
이 기쁜 복음이 된다. 펴서 읽고 각자 느낀 바를 나누라.

_____

_____

_____

14. 계명을 완전히 지킬 수 없다고 해서 그것이 거룩하게 살 의무마저

포기해도 되는 것으로 생각하면 크게 잘못될 수 있다. 계명을 지켜 구원을 받을 수는 없지만 구원을 받은 자로서 하나님이 거룩하신 것처럼 거룩하게 살 수는 있어야 한다. 왜 그런가? 갈라디아서 5:16, 22절을 가지고 설명하라.

_____

_____

_____

15. 다시 말하지만 계명을 지킨 공로로 구원받을 수는 없지만 계명을 지키면서 거룩하게 살 수는 있다. 성령의 은혜가 함께하기 때문이다. 당신은 어떤가? 성령으로 경건 생활에 승리하고 있는가?

_____

_____

_____

23. 제8-10계명

서론

이웃 사이에는 여러 가지 이해 관계가 복잡하게 얽히기 쉽다. 특히 탐심이 작용하여 경제적으로 손해를 끼치는 일들이 자주 일어난다. 하나님은 마지막 세 가지 계명을 가지고 이 같은 악을 어떻게 예방하도록 하셨는지 살펴보자. 이웃을 사랑하려면 그들에게 손해를 끼치는 일은 아무것도 하지 못하는 자가 되지 아니하면 안된다.

토의내용

1. 제8계명이 무엇인가?(15절)

_____

_____

2. 도둑질을 왜 하게 되는지 생각해 보라(참고/잠 10:4, 28:20, 22).

_____

_____

_____

3. 도둑질을 막는 적극적인 방법을 말해 보라(참고/엡 4:28).

_____

_____

_____

4. 현대판 도둑질에는 어떤 유형이 있는지 말해 보라.

_____

_____

_____

5. 우리의 생활 수단이 직접 간접으로 도둑질과 관련이 없는지 반성해 보라(참고/잠 13:11, 16:8, 21:6).

_____

_____

_____

6. 제9계명이 무엇인가?(16절)

_____

_____

7. 마태복음 26장 59-61절과 사도행전 24장 5-9절을 읽고 거짓 증거 의 동기가 무엇인지 살펴보라.

8. 거짓 증거가 악한 이유를 한 가지만 들어라(참고/잠언 14:25, 25:18).

_____

_____

_____

9. 우리는 어떻게 해야 할까?(참고/엡 4:25)

_____

_____

_____

10. 제10계명이 무엇인가?(17절)

_____

_____

_____

11. 바울은 이 계명의 정신대로 어떻게 살았는가?(참고/행 20:33-35)

_____

_____

_____

12. 제10계명을 우리가 얼마나 많이 범하고 있는지 구체적인 예를 가
지고 말해 보자.

• 이웃의 집/

_____

• 이웃의 아내/

_____

• 이웃의 인재들/

_____

• 이웃의 재산/

_____

13. 탐심을 예방하는 비결은 무엇인가?(참고/빌 4:11, 딤전 6:8)

_____

_____

24. 중보자의 필요성

서론

시내산에서 이스라엘 백성은 하나님을 가까이할 수도 없었고 직접 만날 수도 없었다. 하나님과 백성 사이에서 모세가 중간 역할을 할 때에만 모든 일이 순조롭게 진행되었다. 여기서 우리는 중보자의 중요성과 역할을 배울 수 있다.

토의내용

1. 하나님이 시내산에 임재하실 때 나타난 현상을 보고 백성들은 어떤 반응을 보였는가?(20:18-19)

_____

_____

_____

2. 이러한 반응은 정상인가, 비정상인가? 그리고 그 이유를 말하라(참고/출 33:20, 사 6:5).

_____

3. 21절의 말씀이 주는 교훈은 무엇인지 생각해 보라(참고/출 24:1, 2).

_____

_____

_____

4. 모세는 백성의 중보자로서 어디로 가서 얼마 동안 있었는가?(참고/ 출 24:18)

_____

_____

5. 산꼭대기에서 하나님이 모세에게 무엇을 주셨는가?(참고/출 31:18)

_____

_____

6. 32장 1-6절을 읽으라. 그리고 그 내용을 간단히 정리하라.

_____

_____

_____
_____
_____

7. 이스라엘 백성들이 우상을 원했던 이유가 무엇인가?(32:1)

_____
_____
_____

8. 이에 대한 아론의 태도는 무엇이 문제였는가?(32:2-5)

_____
_____
_____

9. 백성들이 시내산에 임재하여 모세와 말씀하고 계시는 하나님을 바로 목전에 두고 우상을 만들어 그 우상 앞에 제사를 지냈던 사건을 통해 어떤 교훈을 얻을 수 있는가?

_____
_____
_____

10. 하나님께서 우상 숭배하는 이스라엘 백성들에게 크게 진노하시고

진멸하려고 하셨던 이유가 무엇인가 조목조목 적어 보라(32:7-9).

_____

_____

_____

11. 우리도 문제 해결이나 기도의 응답이 속히 이루어지지 않자 그만 세상적인 신(우상)을 의지하려고 했던 경험은 없었는가 나누어 보자.

_____

_____

_____

12. 32장 11-14절에는 범죄한 백성을 대신하여 하나님께 중보기도하는 모세의 모습이 그려져 있다. 기도 내용을 정리하라.

_____

_____

_____

_____

13. 모세의 기도는 백성을 멸하시려던 하나님의 뜻을 돌이키게 하였다. 응답이 그렇게 빨랐던 이유를 한두 가지만 찾아보라.

_____
_____
_____

14. 내 자신은 모세와 같은 중보자의 역할을 할 수 없을까? 할 수 있다
면 어떤 역할을 할 수 있는지 구체적으로 적어 보라.

_____
_____
_____

15. 우리 모두가 참 중보자이신 예수님 때문에 이스라엘 백성과 달리
대우받는 것이 무엇인지 말해 보라.

_____
_____
_____

25. 모세의 분노와 탄식

서론

모세는 40일 동안 하나님과 대면하면서 율법을 배웠다. 그리고 하나님이 친히 기록하신 십계명 돌판을 가지고 하산하였다. 그러나 우상 숭배로 방자히 놀아나는 백성을 보자 그는 이성을 잃고 말았다.

토의내용

1. 하나님이 모세에게 주신 두 돌판에 대해 이야기하라(15-16절, 참고/출 34:28).

   _____

   _____

   _____

2. 백성이 우상 숭배에 빠진 장면을 보고 모세는 어떻게 하였는가?(19-20절)

   _____

   _____

3. 모세의 분노하는 태도에서 좋은 점과 나쁜 점을 말할 수 있는가?

4. 당신은 예수를 믿는 형제 자매가 죄에 빠져 있는 것을 보고 어떤 반응을 보이는가?

5. 우리는 예수님께서 다음 두 사람에게 대하는 서로 다른 태도에서 무엇을 배워야 하는가?(참고/ 요 8:11, 마 23:33)

6. 모세의 추궁을 받은 아론의 대답에서 무엇을 볼 수 있는가?(21-24절)

7. 모든 백성이 우상 숭배에 빠져도 끝까지 거기에 가담하지 아니한 거룩한 사람들이 있었다. 그들이 누구인가?(26절)

_____

_____

8. 레위 지파가 악을 범한 형제들을 어떻게 하였는가?(27-29절)

_____

_____

_____

9. 이 사건이 우리에게 무엇을 교훈하는가?(참고/마 10:34-37)

_____

_____

_____

10. 모세가 하나님께 드린 두 번째의 중보기도는 그 내용이 무엇인가?(30-32절)

_____

_____

_____

11. 32절의 말씀에서 모세의 어떤 심정을 읽을 수 있는가?

_____

_____

_____

12. 모세가 아무리 백성의 죄를 대신하여 자신이 하나님의 진노를 받으려 해도 그것은 불가능하였다(35절). 그 이유가 무엇인가?

_____

_____

_____

13. 예수님은 죄인 된 우리를 대신하여 모든 죄값을 질 수 있었던 완전한 중보자였다. 그 이유가 무엇인가?(참고/히 7:24-27)

_____

_____

_____

26. 모세의 중보기도

서론

이스라엘이 금송아지를 만든 죄로 하나님과 백성 사이에는 전에 없었던 거리감, 다시 말해서 불편한 관계가 생기고 말았다. 그리고 이것은 하나님과 모세의 관계마저 불안하게 만들 만큼 심각한 것이었다. 이어려운 문제를 풀기 위해 모세와 백성은 무엇을 하였는지를 공부하여 보자.

토의내용

1. 하나님께서 모세에게 무슨 말씀을 하셨는가?(1-3절)

_____

_____

_____

2. 죄는 항상 하나님과 우리의 사이를 어떻게 만드는가?(참고/사 59:2)

_____

118

3. 하나님께서 동행할 것을 거부하는 것은 백성에게 무엇과 같은가?

_____

_____

_____

4. 하나님의 말씀을 듣고 백성은 단장품을 제하였다. 그 이유가 무엇인가?(참고/출 32:2-3, 창 35:4)

_____

_____

_____

5. 그러나 하나님이 원하시는 회개의 자세는 무엇인가?(참고/욘 3:6-10)

_____

_____

_____

6. 당신은 범죄하면 하나님과의 사이가 불편해지는 것을 어떻게 느끼는가? 그리고 그때는 어떻게 그 문제를 해결하는가?

7. 회막은 무엇을 하는 곳인가?(7-11절, 참고/출 29 : 42-43)

_____

_____

_____

8. 회막이 진 밖에 있는 것은 무엇을 암시한다고 보는가?

_____

_____

9. 우리가 나아갈 회막은 어디인가?(참고/히 9 : 11-12, 4 : 16)

_____

_____

10. 모세의 두 번째 중보기도 내용을 요약하라(12-17절).

_____

_____

_____

11. 하나님의 응답은 무엇인가?(14,17절)

_____

_____

_____

12. 모세의 기도에서 하나님께서 즉시 응답하시지 않을 수 없었던 열쇠를 발견할 수가 있다. 그 열쇠는 무엇인지 세밀하게 살펴보고 적어라(12-17절).

_____

_____

_____

13. 이스라엘이 크게 범죄하였음에도 불구하고 하나님은 모세의 기도를 응답하셨는데 우리는 이 사실을 통해 하나님의 어떤 모습을 발견할 수 있는가?(참조/레 26:9, 시 78:38, 106:43-46)

_____

_____

_____

14. 오늘 이 과를 배우면서 내 기도의 문제점은 무엇이며 내 기도에 어떤 부분을 보충해야 한다고 생각하는가?

_____

_____

27. 모세의 불안과 하나님의 확답

서론

백성의 죄를 짊어지고 중보기도하는 모세를 사랑하신 하나님께서는 그의 뜻을 바꾸고 백성과 함께 동행하시겠다고 다시 약속하셨다. 그럼에도 불구하고 모세는 계속 엎드려 기도한다. 왜 그랬는지 생각해 보자.

토의내용

1. 33장 3절과 14절을 비교하라. 하나님께서 처음의 뜻을 돌이키시고 무엇을 약속하셨는가?

2. 하나님의 약속을 듣고도 모세는 안심하지 못하고 있다. 무엇을 보고 알 수 있는가?(15-16절)

3. 모세는 두 번째 확답을 얻어 내었으나 아직도 그의 마음에는 불안의 그림자가 남아 있다. 그래서 또 무엇을 요구하였는가?(18절)

_____

_____

4. 모세의 요구에 대한 하나님의 대답은 무엇인가?(19-23절)

_____

_____

_____

5. 모세의 요구를 하나님께서 들어 주시면서 모세를 아끼고 사랑하시는 일면을 엿볼 수 있다. 왜 그런가?(19-23절)

_____

_____

_____

6. 34장 9절을 보라. 모세는 또다시 같은 기도를 드린다. 몇 번이고 반복해서 하나님의 동행을 간청하는 그를 통해 무엇을 배울 수 있는가?

_____

7. 당신은 모세처럼 하나님과 동행하는 생활이 그처럼 중요하다고 생각하는가?(참고/시 73:25-28)

8. 하나님이 당신과 함께하신다는 확신이 흔들릴 때가 있다면 어떤 경우에 그러한지 말해 보라. 그리고 그러한 불안을 어떻게 해결하는가?

9. 19절의 "은혜 줄 자에게 은혜 주고"라는 말씀에서 하나님의 어떤 점을 엿볼 수 있는가?(참고/롬 9:15-18)

10. 모세가 하나님의 특별한 은혜를 입었다면 우리는 그에 비해 어떠

한가?(참고/딤전 1:14, 롬 3:24)

_____

_____

_____

28. 새 증거판과 경고

서론

모세는 하나님의 명령에 따라 다시 시내산으로 오른다. 두 개의 돌판을 손에 들고 올라 온 그에게 하나님은 무엇을 말씀하셨는지 공부하자.

토의내용

1. 하나님께서 모세에게 무엇을 만들 것을 명령하셨는가?(1절)

_____

_____

_____

2. 처음에는 증거판을 하나님이 만들어 주셨는데 왜 이번에는 모세에게 만들라고 하셨을까?

_____

_____

_____

3. 6절의 말씀을 주의해 보라. 하나님은 자신의 성품을 어떻게 소개하고 계시는가?

_____

_____

4. 하나님의 자비하시고 노하기를 더디하시는 은혜는 7절에서 어떻게 나타나 있는가?

_____

_____

5. 일반적으로 사람들은 하나님의 이러한 성품을 악용하고 있다고 보지 않는가? 당신은 과거에 그렇게 하지 아니했는가?(참고/롬 2:4)

_____

_____

_____

6. 형벌받을 자와 그 자손에게는 삼대까지 보응하신다는 의미가 무엇인가? 어떤 조건에서 그렇다는 말씀인가?(참고/겔 18:19-20)

_____

_____

_____

7. 당신은 조상의 죄로 자신에게 하나님의 벌이나 저주가 임하고 있다

는 불안을 가지고 있지 않은가? 그리고 그 생각이 잘못 되었다는 사실을 확신할 수 있는가?(참고/애 3:22-23)

_____

_____

_____

8. 하나님은 이스라엘을 위해 무엇을 해주신다고 약속하는가?(11절)

_____

_____

9. 한편 이스라엘은 무엇을 순종해야 하는가?(12-13절)

_____

_____

_____

10. 왜 이스라엘은 가나안 거민들과 관계를 맺어서는 안되는가?(15-16절)

_____

_____

_____

11. 이스라엘이 가나안 거민을 선으로 교화시킬 가능성보다 거꾸로

가나안 사람이 이스라엘을 더럽힐 가능성을 더 높게 보고 엄하게 경고하시는 하나님의 명령에서 무엇을 깨달을 수 있는가?(참고/ 고전 15:33-34)

_____

_____

_____

12. 당신은 세상 사람들을 접촉하면서 악의 전염성을 너무 과소평가 하다가 크게 당한 일은 없는가?

_____

_____

_____

13. 오늘 배운 말씀 중 각자 받은 은혜가 무엇인지 말해 보라.

_____

_____

_____

_____

29. 하나님의 성막

서론

이스라엘은 성막을 세우는 일을 마쳤다. 이것으로 출애굽기의 대단원의 막을 내린다. 그러나 하나님의 영광이 성막 위에서 떠나지 않고 있는 은혜스러운 이야기로 마치고 있다. 임마누엘의 은총이야말로 광야 생활에서 생명이었다.

토의내용

1. 이스라엘은 언제 성막을 세웠는가?(17절)

_____

_____

2. 성막은 곧 회막을 말하는데(22, 24절) 이 두 단어가 갖는 의미와 사용된 뉘앙스가 다소 다르다. 각 단어가 갖는 의미와 뉘앙스가 무엇인지 연구해 보라(34-35절).

_____

_____

3. 성막 내부의 구조는 몇 개로 나누어지는가?(참고/히 9:2, 3)

_____

_____

4. 성소에 비치된 내용은 무엇인가?(참고/히 9:2)

_____

_____

5. 지성소에 들어 있는 기구들은 무엇인가?(참고/히 9:4, 5)

_____

_____

6. 성막은 인간의 계획에 의해 만들어진 것이 아니라 하나님의 명령, 즉 하나님의 전적인 주권하에서 이루어진 것임을 알 수 있다. 우리는 이 사실을 통해서 무엇을 배울 수 있는가?(19, 21, 23, 25, 27, 29, 32절, 참고/엡 2:8-9)

_____

_____

_____

7. 성막은 예수 그리스도가 오시기까지 필요한 것이었다. 사람이 하나님을 예배하기 위해, 죄를 용서받기 위해, 하나님과 동행하기 위해 있어야 했던 눈에 보이는 하나님의 거처였다. 그러나 지금은 지나

간 그림자가 되었다. 왜 그런가?(참고/히 9:9-10, 24)

_____

_____

_____

8. 성막을 세우는 날 어떤 일이 일어났는가?(34-35절)

_____

_____

9. 회막에 하나님의 영광이 충만한 것은 무엇을 가리킨다고 보는가?

_____

_____

_____

10. 오늘날 우리에게는 이 놀라운 사건이 어디에서 일어나고 있는가?
    그리고 이유가 무엇인가?(참고/마 18:20, 요 14:16,17)

_____

_____

11. 당신은 하나님을 모시고 사는 사람으로서 마치 지성소에 구름이
    가득한 것처럼 하나님의 영광이 보이지 않게 충만하다고 생각하

는가?

_____

_____

_____

12. 이스라엘은 성막과 함께 행동하였다. 그 내용을 말하라(36-37
절).

_____

_____

_____

13. 이 사실은 우리에게 무엇을 교훈하는가?(참고/민 9:15-23)

_____

_____

_____

14. 밤낮을 가리지 않고 구름이 성막을 떠나지 않았다. 그래서 이스라
엘은 항상 그것을 볼 수 있었다. 이 사실은 우리에게 무엇을 말해
주고 있는가?(38절, 참고/시 121:1-7)

_____

_____

_____

국제제자훈련원

국제제자훈련원 소개

"평신도를 깨워 목회의 동역자로 삼는다"는 철학을 가지고 지역교회에 제자훈련을 소개하고 교회의 건강한 성장을 돕기 위해 세워진 국제제자훈련원은 1986년 제1기 평신도를 깨운다 제자훈련 지도자 세미나를 시작으로 태동되었습니다.

저희 국제제자훈련원은 한국교회, 나아가 형제된 세계교회를 섬기기 위해 세워진 기관입니다. 또 단지 제자훈련의 방법론만을 나누기 위한 기관이 아니라 하나님께서 원하시는 건강하고 아름다운 교회, 세상을 변화시키는 힘있고 영향력 있는 교회의 모습을 그리며 여러 목회자들과 동역하기 위한 기관입니다.

국제제자훈련원의 사역

· 평신도를 깨운다 제자훈련 지도자 세미나

평신도를깨운다 제자훈련 지도자 세미나는 1년에 4-5회(한국, 일본, 미주)에 걸쳐 실시되고 있습니다.

· 제자훈련 체험학교(8주과정/2박3일과정)

세미나를 수료한 목회자들에게 실제적인 제자훈련의 체험을 제공하고 제자훈련을 인도하기 위한 이론과 방법론을 제시하는 8주 혹은 2박3일 과정의 워크샵(Workshop)입니다.

· 컨벤션

세미나를 수료한 목회자들에게 제자훈련에 대한 열망을 재점화하고 같은 비전을 가지고 사역하는 동역자들이 한국교회 안에서 변화의 주체가 되도록 힘을 모으기 위해 매년 년초에 개최되는 집회입니다.

· 목회자용

제자훈련 목회를 추구하는 사역자들에게 목회자로서의 리더십을 점검하며 자신을 지속적으로 개발해 나갈 수 있도록 필요한 정보와 메시지를 팩스와 전자우편(E-mail)을 사용해서 규칙적으로 전달합니다.

· 평신도용

평신도를 대상으로 매주 월요일 아침 사무실에서 하루를 시작하면서 그리스도인으로서 삶의 자세를 재점검하며 승리할 수 있도록 매주 월요일 1장의 팩스와 전자우편(E-mail)을 사용해서 규칙적으로 전달합니다.

추천도서

멘토와 함께하는
제자훈련 셀프스터디
빌리 그래함 센터 전도학교 편 / 로버트 콜만 책임 편집
옥한흠 목사 추천 / 12,000원

이 과정은 영적 재생산의 책임을 느끼는 크리스천들을 위한 프로그램으로 학습자가 멘토와 함께 학습하도록 구성되어 있습니다. 또한 복음주의 지도자들의 메시지와 주제학습을 통해 가르침을 받고 격려를 얻으며 제자로서의 삶을 개발할 수 있도록 꾸며져 있습니다. 제자훈련 사역에 헌신한 목회자와 평신도 지도자들의 탁월한 강좌들을 통해 교회 지도자들이 제자 삼으라는 예수님의 명령을 이해하고 효과적으로 적용할 수 있을 것입니다. 전체 학습과정을 수료한 학습자에게는 국제제자훈련원의 관인이 찍힌 '제자훈련 셀프 스터디 과정' 수료증이 발급될 것입니다.